COLONNE NAPOLÉONE.

HISTORIQUE DES ÉVÉNEMENTS MILITAIRES
QUI SE RATTACHENT A CE MONUMENT,
VOTÉ PAR L'ARMÉE
RÉUNIE AU CAMP DE BOULOGNE EN 1804,

Inauguré le 15 Août 1841.

Par Joachim Ambert,
CAPITAINE AU 9ᵉ RÉGIMENT DE HUSSARDS.

« Le monument que l'armée élève au camp de Boulogne servira d'époque pour les événements militaires qui le suivront, et dont la gloire surpassera les dangers et les fatigues. »
(*Lettre de l'Empereur au maréchal Soult, 6 brumaire an XIII.*)

BOULOGNE.
IMPRIMERIE DE LE ROY-MABILLE, GRANDE RUE.

1842.

COLONNE NAPOLÉONE.

**HISTORIQUE DES ÉVÉNEMENTS MILITAIRES
qui se rattachent à ce monument,**

VOTÉ PAR L'ARMÉE

RÉUNIE AU CAMP DE BOULOGNE EN 1804,

Inauguré le 15 Août 1841.

I.

La colonne militaire qui s'élève sur les rivages du Pas-de-Calais, entre la Manche et la mer du nord, est un de ces monuments historiques destinés à perpétuer le souvenir de l'une des belles époques du peuple français.

Les bases de la *Colonne Napoléone* furent jetées entre deux grands événements, la paix d'Amiens et la campagne d'Austerlitz, le chef-d'œuvre diplomatique et le chef-d'œuvre militaire de la France.

Après dix ans de luttes miraculeuses, la nation française put croire, en 1802, qu'elle allait, dans les loisirs d'une glorieuse paix, travailler au rétablissement de l'ordre social européen.

Par le traité d'Amiens la France possédait de nombreuses colonies, conservait les Pays-Bas autrichiens, la Flandre hollandaise avec le cours de l'Escaut, une partie du Brabant et toute la rive gauche du Rhin;

au sud le Comtat, la Savoie, Genève et Nice, l'état de Parme et le continent de la Sardaigne. Après avoir érigé le grand-duché de Toscane en royaume d'Etrurie, la France gouvernait la république italienne et dominait les républiques helvétiques, liguriennes et bataves.

Dans le Nouveau-Monde la France avait réuni la partie espagnole de St.-Domingue, ainsi que les territoires portugais qui formaient les frontières solides de la Guyane. Sur les bords du golfe du Mexique, cette Méditerranée du Nouveau-Monde, nous possédions la belle Louisiane et l'embouchure du Mississipi ; c'était là un immense poste militaire et la plus riche des colonies.

Telle était la France après la paix d'Amiens ; elle devait en peu d'années dominer le monde par son influence morale et sa prospérité matérielle, comme elle l'avait dominé par les armes de ses soldats.

Protecteur de la religion, des mœurs, des arts et des sciences, le chef du gouvernement semblait appelé à fonder un ordre durable. Il proclamait que la seule rivalité digne des nations est celle qui se manifeste par des actions généreuses et par d'utiles entreprises.

Le concordat, l'organisation de l'université et l'établissement de la Légion d'Honneur furent les premiers fruits des loisirs de la paix. L'université répandait les lumières, le culte élevait l'ame, et la Légion d'Honneur était le symbole du patriotisme. Un lien secret unissait intimement ces trois institutions, qui agissaient sur l'intelligence, sur l'ame et sur le cœur.

En présence du conseil d'État le premier consul avait dit, dans la splendeur de son langage : « L'insti-
» tution de la Légion d'Honneur est comme une masse
» de granit jetée sur le sol. On a tout détruit, il s'agit
» de tout recréer. Il y a un gouvernement, des pou-
» voirs ; mais tout le reste de la nation, qu'est-ce ? Des
» grains de sable ! »

Voulant cimenter les grains de sable par la masse de granit, il créa la Légion d'Honneur.

II.

Cependant les clauses du traité qui donnait la paix à l'Europe n'étant pas exécutées, la France dut s'apprêter à de nouveaux combats.

Nos soldats occupèrent le royaume de Naples et le Hanovre, tandis qu'une armée nombreuse se réunissait aux rivages du Pas-de-Calais.

Le premier consul voulait transporter à la fois, et sur une seule flotille, une armée de 100,000 hommes sur les côtes de l'Angleterre. L'artillerie de siége et de campagne, les munitions, les équipages, furent préparés avec une ardeur qui prenait sa source dans le patriotisme.

Sorte de congrès militaire, le camp de Boulogne réunit les diverses armées de la France. Les bataillons d'Italie apportèrent au camp les chaudes inspirations d'Arcole et de Lodi.

Les vainqueurs de l'Allemagne rendirent populaires les récits des grandes et savantes marches, des mémorables retraites. Les soldats d'Egypte et leurs fabuleux récits firent palpiter d'orgueil les conscrits, jaloux de tant de gloire. Réunir dans un camp français ces armées diverses qui venaient de parcourir le monde, donner une seule ame à ces hommes presque étrangers les uns aux autres, faire succéder le culte pur de la patrie et de la gloire aux passions quelquefois violentes de la politique, fut une grande pensée. Au camp de Boulogne l'édifice militaire se consolida, et les soldats apprirent que les travaux de la paix sont de nobles initiations aux devoirs de la guerre.

La mission de l'Empereur commence à Boulogne. Il crée, il vivifie des éléments durables; ses lieutenants sont choisis parmi les premiers capitaines de la révolution : Soult, Ney, Lannes, Davoust.

Soult est commandant en chef du camp de Boulogne ; c'est à lui que Napoléon dévoile toute sa pensée. Le colonel de Fleurus, le général de Seig et de Lubtingen, l'heureux lieutenant de Masséna, vainqueur de Souvarow, le chef brillant de la campagne de Gênes, devait être placé par Napoléon à la tête de sa vaste entreprise.

Le camp de Boulogne fut la grande école de l'armée française. L'enthousiasme des bataillons avait puissamment secondé jusqu'alors la science des généraux ; mais l'ivresse des passions même les plus nobles s'éteint avec le danger qui lui donne naissance, et l'élan juvénile des soldats est souvent fatal à l'heure des désastres. A nos armées si admirables il manquait cependant quelque chose : ce n'était certes ni la bravoure, ni le patriotisme, ni l'expérience des combats, ni l'inspiration du champ de bataille ; ce qui manquait à l'armée était l'instruction élémentaire progressive, qui seule permet au général de mesurer géométriquement la zone du champ de bataille ; la discipline pouvait devenir plus austère encore qu'elle ne l'était.

La tâche du commandant en chef du camp de Boulogne était immense ; il l'accomplit.

C'est à sa voix que se constituèrent les régiments de l'Empire, c'est à sa voix qu'ils apprirent l'emploi méthodique des forces. Le commandant en chef du camp de Boulogne enseigna aux officiers à modifier les préceptes de la tactique suivant les circonstances de la guerre ; il donna à l'ordre en colonne ce grand crédit qui fit pour ainsi dire révolution dans les batailles ; il prouva que l'on pouvait faire front et combattre par le troisième rang, perfectionna le rôle des tirailleurs, manœuvra sac au dos, comme en présence de l'ennemi (*), fit du carré un ordre employé dans l'offensive aussi bien que dans la défensive, adopta des dispositions contre la cavalerie, éleva des ouvrages de campagne en quelques heures et sans le secours des armes spéciales ; enfin ce fut le commandant en chef du camp de Boulogne qui donna à l'armée l'uniformité des méthodes de tenue, l'aspect mâle et sévère des légions de l'Empire.

(*) Au camp de Boulogne, l'Empereur disait un jour au maréchal Soult que les soldats seraient peut-être fatigués de manœuvrer sans cesse sac au dos. « Je ne leur ferai quitter le sac, répondit le maréchal, que lorsqu'il leur sera venu du cuir sur les épaules. »

Cette armée ne fut jamais vaincue. Ce n'est que long-temps après, lorsque les traditions du camp se perdirent par un recrutement trop renouvelé, que des revers vinrent quelquefois attrister la France.

Nous passerons sous silence, comme étrangère à notre sujet, la correspondance de l'Empereur avec le commandant du camp de Boulogne ; cependant nous citerons cette lettre remarquable :

« St.-Cloud, le 6 Brumaire, an XIII.

» Mon cousin, j'ai reçu votre lettre du 25 vendémiaire,
» et votre dépêche télégraphique. Je vois avec peine que
» les malades augmentent dans l'armée. J'apprécie les
» sentiments qui l'animent. Le monument qu'elle veut
» élever au camp de Boulogne servira d'époque pour
» les événements militaires qui le suivront, et dont la
» gloire surpassera les dangers et les fatigues. Je suis
» informé qu'il y a des duels à Boulogne.... Faites con-
» naître à l'ordre du jour (*) que le soldat français n'a
» pas le droit d'exposer sa vie pour de vaines subtilités,
» et que tout sang versé sans tourner à l'honneur du dra-
» peau et de la patrie est un crime. Sur ce, je prie
» Dieu, etc.   Signé NAPOLÉON. »

(*) Le commandant supérieur du camp de Boulogne fit alors paraître ce bel ordre du jour :

Au quartier général, au Buisson, 9 brumaire an XIII.

« Le maréchal commandant en chef voit avec peine que depuis quel-
» que temps les duels se renouvellent, et que pour de vaines querelles
» et pour un faux point d'honneur les militaires exposent des jours
» qu'ils ont consacrés à la défense de la patrie et à la gloire des armes
» de l'Empire.

» Le maréchal ordonne que tout sous-officier qui sera surpris en

III.

Le 1ᵉʳ vendémiaire an XIII l'ordre du jour suivant parut au camp de Boulogne :

« Les troupes du camp de St.-Omer, voulant offrir
» au monarque dont le génie préside aux destinées
» de la France un témoignage éclatant d'amour et
» d'admiration, ont résolu :

» D'ériger un monument capable de résister aux
» siècles, qui, s'alliant aux souvenirs de sa gloire et
» de sa grandeur, atteste à l'univers, ainsi qu'à tous
» les âges, leur dévouement et leur fidélité au premier
» empereur des Français ;

» De retracer à la postérité l'institution des récom-
» penses décernées par le héros à l'honneur et à la
» bravoure ;

» De consacrer la mémoire des immenses travaux
» créés par sa pensée, qui ont fait de l'espace occupé
» par l'armée un rempart formidable et le centre
» d'une expédition nécessaire au repos du monde ;

» Et enfin de vouer à la vénération des peuples le
» lieu où l'empereur Napoléon venait partager les

» duel sera suspendu de son grade et renvoyé au dépôt ; tout grena-
» dier ou soldat qui se trouvera dans le même cas passera dans une
» compagnie de fusiliers du dépôt.

» Tout officier ou sous-officier qui sera convaincu de n'avoir point
» empêché un duel auquel il aurait pu s'opposer sera rayé des batail-
» lons de guerre, renvoyé au dépôt et privé de l'honneur de participer
» à la gloire de l'expédition.

» Le maréchal commandant en chef.

» Signé SOULT. »

» fatigues et les travaux de son armée, la façonner à
» de nouveaux combats et préparer le succès de sa
» vaste entreprise.

» Exprimant le vœu de l'armée, le maréchal com-
» mandant en chef arrête le programme suivant :

» Sur un piédestal quadrangulaire il sera érigé une
» colonne de 50 mètres d'élévation, surmontée de la
» statue colossale de S. M. l'Empereur.

» La statue de sa majesté sera en bronze, revêtue des
» ornements impériaux; elle portera le sceptre et la
» couronne.

» Les quatre faces du piédestal présenteront :

» Sur la première, l'hommage que l'armée fait de ce
» monument à Napoléon, premier empereur des Fran-
» çais : le sujet sera allégorique et par inscription ;

» Sur la seconde, la cérémonie de la distribution
» de l'aigle de la Légion d'Honneur par sa majesté,
» au milieu de l'armée, le 28 thermidor an XII ;

» Sur la troisième, le plan des ports de Boulogne,
» Wimereux et Ambleteuse, et la flotille en rade.

» La quatrième offrira l'aspect des camps de la Co-
» lonne et de celui de la Tour d'Ordre, poste consacré
» par le séjour qu'y a fait S. M. l'Empereur.

» Les tables des quatre faces du piédestal seront en
» bronze et représenteront en relief les sujets expri-
» més ci-dessus.

» Les ornements du piédestal et du chapiteau offri-
» ront, dans une proportion exacte, les divers bâti-
» ments de la flotille et des trophées d'armes de toute
» espèce.

» L'entablement du piédestal et le chapiteau seront
» en marbre blanc statuaire, et la colonne en marbre
» du Boulonnais.

» Dans l'intérieur du piédestal il sera pratiqué une
» chambre d'archives, pour y renfermer l'historique
» de l'expédition, les médailles frappées depuis le
» gouvernement de S. M. l'Empereur, et le contrôle
» de l'armée.

» Les militaires de l'armée travailleront et concour-
» ront seuls à la confection de ce monument; quatre
» commissaires seront désignés pour en suivre l'exé-
» cution.

» La statue de S. M. l'Empereur, ainsi que les
» reliefs et ornements du piédestal et du chapiteau,
» seront donnés en concours aux artistes les plus dis-
» tingués de l'Empire.

» La colonne sera placée entre le quartier-général
» impérial de la Tour d'Ordre et le camp de la 1re
» division, à la vue du continent, en face du canal et
» des îles britaniques.

» Il sera fait à Boulogne une fondation à perpétuité
» pour la conservation de ce monument.

» Le maréchal commandant en chef,
» Signé SOULT. »

Les généraux de division Andreossy et Suchet, le général de brigade Bertrand et le colonel Franceschi furent nommés commissaires pour suivre et diriger, au nom de l'armée et sous les ordres du maréchal Soult, tous les détails relatifs au monument. Le général Combis, commandant la division des transports de la flotille, et l'ordonnateur en chef Arcambal, firent peu de jours après partie de la commission.

Cette commission se rendit le 18 brumaire an XIII chez le maréchal commandant en chef. Les généraux commandant les divisions et les différentes armes, l'amiral Bruix et les officiers généraux et supérieurs de la flotille, les chefs de toutes les administrations militaires, et enfin les autorités civiles, ainsi qu'une députation du conseil municipal de la ville de Boulogne, étaient déjà auprès du maréchal Soult, qui devait poser la première pierre du monument.

Il serait difficile de rendre compte des sentiments qu'excitait la fête qu'on allait célébrer : les souvenirs récents des luttes et des triomphes de la France, la présence des hommes qui avaient pris une part si glorieuse à ces luttes et à ces triomphes, imprimaient un caractère vraiment national à cette auguste cérémonie.

Après un exposé touchant des sentiments de l'armée navale, l'amiral Bruix réclama pour elle « d'être
» confondue de fait, comme elle l'est de cœur, dans
» l'expression des sentiments qu'elle partage avec
» l'armée de terre, et l'honneur inappréciable d'être
» associée à l'armée dans l'acte mémorable et glo-
» rieux dont l'Empereur a bien voulu agréer l'hom-
» mage. »

Le maréchal Soult accepta au nom de l'armée l'association honorable offerte par l'amiral : « Je
» forme le vœu sincère, ajouta-t-il, que cette associa-

» tion entre les armées de terre et de mer, faite sous les
» auspices de la gloire et de la grandeur, soit à jamais
» le gage de l'attachement et de la confiance qui
» existe entre les deux armées. »

Une députation du conseil municipal de Boulogne présenta à M. le maréchal Soult un arrêté de ce corps par lequel la ville de Boulogne, « regrettant que l'or-
» dre du jour du 1ᵉʳ vendémiaire réserve exclusive-
» ment aux militaires l'honneur de concourir à la
» confection du monument que l'armée élève à la
» gloire de S. M. l'Empereur, sollicite du moins
» celui d'y contribuer par la cession du terrain sur
» lequel il doit être élevé. La ville de Boulogne
» était jalouse d'attacher à cette création, qui défiera
» les âges, un témoignage de la bonne harmonie qui
» régnait entre ses citoyens et les armées de terre et
» de mer, et de participer à l'hommage d'amour et de
» respect offert par l'armée à l'empereur Napoléon. »

Le maréchal Soult accueillit avec reconnaissance l'offre du conseil municipal de Boulogne.

Le programme du 1ᵉʳ vendémiaire avait indiqué pour l'emplacement de la colonne le plateau près de la Tour d'Ordre ; mais les calculs et les précautions de l'art n'eussent point fait assez pour sa durée sur les terrains élevés qui bordent la côte, et c'eût été mal répondre au vœu de l'armée que de placer ce monument à portée des éléments les plus actifs de destruction.

Un nouvel emplacement à 200 mètres de la route de Calais, dans la direction du Mont-Lambert et du fort de la Crèche, fixa le choix du maréchal commandant en chef et de la commission. De ce point un horizon immense embrasse la ville de Boulogne, les camps, les trois ports de Boulogne, Wimereux et Ambleteuse, les îles britanniques et une vaste étendue sur le continent.

Formés en bataillon carré, tous les grenadiers de l'armée et des détachements des corps d'artillerie de terre et de mer, les sapeurs du génie, la cavalerie, et des détachements de toutes les escadrilles, étaient réunis autour des fondations du monument.

Au lieu même où l'armée érigea un grand trophée à la gloire de Napoléon, le maréchal commandant en chef distribua, au nom de sa majesté, la décoration de le Légion d'Honneur à plusieurs militaires.

Enfin, au milieu d'un vif enthousiasme, le maréchal Soult, assisté d'un grenadier par régiment, posa la première pierre de la colonne. Les cris de l'armée furent alors couverts par les salves d'artillerie.

De magnifiques fêtes succédèrent à la cérémonie.

Cet événement est consigné dans l'inscription suivante, gravée sur un bloc de marbre du Boulonnais, de 81 centimètres de longueur, 65 centimètres de largeur et 27 centimètres d'épaisseur :

PREMIÈRE PIERRE
DU MONUMENT DÉCERNÉ PAR L'ARMÉE EXPÉDITIONNAIRE
DE BOULOGNE ET LA FLOTILLE
A L'EMPEREUR NAPOLÉON ;
POSÉE PAR LE MARÉCHAL SOULT, COMMANDANT EN CHEF,
LE 18 BRUMAIRE AN XIII (9 NOVEMBRE 1804),
ANNIVERSAIRE DE LA RÉGÉNÉRATION DE LA FRANCE.

Le maréchal commandant en chef écrivit à l'Empereur le 21 brumaire an XIII :

« La fête du 18 brumaire a été célébrée avec tout
» l'éclat qu'il a été possible d'y mettre. C'était un bien
» beau jour pour nous. J'ai posé au nom de l'armée la
» première pierre du monument dont l'armée fait hommage à votre majesté. M. l'amiral au nom de la flotille,
» et le corps municipal de Boulogne au nom des habitants, m'avaient demandé avec instance d'être admis à
» y participer, et leur demande ayant été accueillie, nous
» avons confondu nos pensées pour exprimer le même
» vœu.
        Signé Soult. »

En votant l'érection de la *Colonne Napoléone*, l'armée du maréchal Soult (qui depuis devint le 4ᵉ corps de la Grande-Armée), et l'armée navale de Boulogne, commandée par l'amiral Bruix, s'imposèrent une retenue volontaire. Les officiers offrirent un jour de solde par mois, et les sous-officiers et soldats une demi-journée.

Le maréchal Soult, comme fondateur du monument, prit toutes les dispositions nécessaires à l'accomplissement de cette grande œuvre.

La commission qu'il forma devait administrer et surveiller dans toutes ses parties d'art, de finances, etc., l'érection de la colonne. Un concours fut établi pour la création du plan, et le choix tomba sur celui présenté par l'architecte Labarre. (*)

Le maréchal choisit lui-même les artistes qui de-

(*) Architecte du palais de la Bourse.

vaient coopérer, dans leurs parties respectives, à l'effet total du monument : Houdon fut chargé de la statue, Moitte des bas-reliefs, des aigles, etc., qui accompagnent et servent d'ornement soit au piédestal, soit au surplus de la colonne ; Getty fut admis pour les travaux de son art comme fondeur ; Georgery, sculpteur ornementiste, le fut pour les sculptures en marbre, comme encadrements de bas-reliefs, chapiteaux, etc.

Les travaux de fondation furent d'autant plus considérables que l'on descendit jusque sur le rocher.

IV.

A la *Colonne Napoléone* se rattache le souvenir de la grande distribution des décorations de la Légion d'Honneur par l'empereur Napoléon. La cérémonie de l'inauguration avait eu lieu aux Invalides le 14 juillet 1804 ; mais dans l'armée française il est de tradition que la première distribution eut lieu au camp de Boulogne. La *Colonne Napoléone* rappelle donc à l'armée un souvenir sacré, un souvenir d'honneur.

Pour donner une idée de cette grande fête nationale, nous citerons la lettre qu'un témoin oculaire écrivait peu d'instants après avoir vu Napoléon distribuer l'aigle aux braves soldats, aux dignes citoyens :

« Boulogne, 28 thermidor an XIII.

» J'ai assisté aujourd'hui au spectacle guerrier le plus
» magnifique peut-être qu'un peuple ait jamais offert.
» C'était la plus belle armée du monde, réunie sous les

» yeux d'un grand homme qui l'avait si souvent conduite
» à la victoire, et qui lui distribuait le prix de l'honneur.

» Près de Boulogne, à l'extrémité du Camp de Droite,
» la surface du sol se courbe en bassin dont les borges
» s'élèvent en pentes douces et forment naturellement
» un cirque qui s'ouvre près de la falaise. Au centre et
» sur le diamètre du cirque s'élevait un trône tel qu'il
» convenait au chef des braves, simple, découvert, ayant
» pour trophée les armes et les drapeaux, gages de ses
» exploits, et pour couronne celle que donne la victoire.

» Assis sur le siége de l'un des rois de première race, l'Em-
» pereur avait à sa droite le prince Joseph, derrière lui
» les grands officiers de la couronne, et à ses côtés, sur une
» estrade inférieure, les ministres, les maréchaux de l'Em-
» pire, les colonels-généraux et les sénateurs; en avant
» et sur les marches étaient les aides-de-camp de sa
» majesté, et au pied du trône, sur des bancs à droite,
» les conseillers d'Etat, les généraux venus de l'intérieur
» et les officiers étrangers; à gauche les fonctionnaires
» civils et religieux. Le reste du diamètre était occupé
» par la garde impériale, par la musique, d'un côté, et par
» deux mille tambours de l'autre; à ses extrémités étaient
» le grand état-major de l'armée et les états-majors des
» camps. L'Empereur découvrait à sa droite les deux
» camps et les batteries, les deux ports et une partie de
» la rade. Il avait à gauche les ports de Wimereux et
» d'Ambleteuse, et les côtes d'Angleterre. Devant lui
» s'avançaient, en vingt colonnes, soixante bataillons dont
» les têtes occupaient les demi-circonférences du cirque.
» En avant et dans l'intérieur étaient, plus près du trône
» les pelotons des légionnaires de tous les grades et de
» toutes les armes. L'extrémité des colonnes allait s'éle-

» vant sur les hauteurs, que couronnaient vingt escadrons
» en bataille, et qu'achevaient de couvrir et d'orner une
» foule immense et les tentes réservées aux dames.

» Jamais ordonnance ne fut aussi simple et n'offrit un
» aspect plus imposant. Mais tout annonçait que la
» tempête qui régnait depuis quarante-huit heures sur
» les côtes troublerait encore ce beau jour. Le vent
» de S.-O. amoncelait de sombres nuages et soulevait
» les flots; la croisière anglaise s'était éloignée et ne
» paraissait plus que dans les brumes de l'horizon.

» A midi l'Empereur sort de sa baraque, et une
» salve de toutes les batteries de la côte annonce son
» arrivée. Dès ce moment le soleil a éclairé la fête.

» A la vue de l'Empereur les tambours ont battu aux
» champs, et les cris de joie de l'armée et du peuple ont
» signalé sa présence. Au plus fort de l'enthousiasme,
» 2,000 tambours ont battu le pas de charge, et à l'ins-
» tant toutes les colonnes se sont ébranlées pour serrer
» les rangs. Ce mouvement admirable a fait tressaillir la
» masse des spectateurs. Une ardeur guerrière animait
» chacun, et la voix solennelle du canon était couverte
» par la voix non moins solennelle du peuple et de
» l'armée.

» Après un discours du grand-chancelier de la Légion
» d'Honneur, l'Empereur prononça ces mots :

« Commandants, officiers, légionnaires, citoyens et
» soldats, vous jurez sur votre honneur de vous dévouer
» au service de l'Empire et à la conservation de son ter-
» ritoire dans son intégrité, à la défense de l'Empereur,
» des lois de la république et des propriétés qu'elles ont
» consacrées; de combattre, par tous les moyens que la
» justice, la raison et les lois autorisent, toute entreprise

» qui tendrait à rétablir le régime féodal; enfin, vous
» jurez de concourir de tout votre pouvoir au maintien
» de la liberté et de l'égalité, base première de nos insti-
» tutions : vous le jurez ! »

« Tous les membres de la Légion d'Honneur, debout,
» la main levée, s'écrièrent à la fois : Je le jure !

» D'un mouvement spontané l'armée a répété ce
» serment de fidélité et de dévouement. Le soldat bran-
» dissait ses armes dans le rang et élevait les drapeaux
» en signe d'allégresse.

» Les grands-officiers, les commandants, les officiers
» et les légionnaires se sont alors approchés du trône, où,
» présentés par le ministre de la guerre, ils ont indivi-
» duellement reçu des mains de sa majesté la décoration
» de l'aigle.

» Il était beau de voir des maréchaux de l'Empire,
» des généraux, des conseillers d'Etat, des préfets, des
» évêques, des officiers, des soldats et des matelots rece-
» voir alternativement le prix de l'honneur des mains de
» Bonaparte, qui les connaissait tous et les accueillait
» comme les compagnons de ses travaux et de sa gloire.
» Des officiers tenaient les décorations dans des casques
» et sur des boucliers de l'armure de Duguesclin et de
» Bayard.

» L'aspect de cette armée brillante et brave, de ces
» camps, de ces ports, qui sont son ouvrage, ces falaises
» retentissantes du bruit des vagues et du canon, la vue
» des côtes blanchâtres de l'Angleterre, ces rayons de
» soleil échappés des nuages pour éclairer une auguste
» scène, ces vaisseaux ennemis battus par la tempête,
» s'enfonçant dans les brumes de l'horizon, tous ces
» objets réunis donnaient aux sentiments et aux pensées

» qu'éveille la présence de l'Empereur sur ce sol que
» foula César, une grandeur, un charme qu'il est impos-
» sible d'exprimer.

» Il manquait un trait à ce magnifique tableau. La
» flotille n'avait pu sortir ; mais au moment où les co-
» lonnes se déployaient, en se prolongeant sur les côteaux
» voisins, pour ne former qu'une colonne d'attaque dont
» les diverses brigades venaient défiler successivement
» devant le trône, parut à la pointe du cap d'Alpreck
» une flotille de cinquante voiles, l'avant-garde de celle du
» Hâvre. Tous les regards se portèrent sur la mer, et la
» joie la plus vive, l'enthousiasme le plus vrai, se mani-
» festèrent en voyant l'océan payer son tribut à l'Empe-
» pereur, et le convoi attendu depuis six mois arriver au
» moment de la solennité. »

V.

Le 25 pluviôse an XIII le maréchal Soult écrivit à l'Empereur :

« Sire,

» Votre majesté a daigné accueillir la demande que
» j'ai eu l'honneur de lui faire du bronze nécessaire pour
» couler la statue et les bas-reliefs qui doivent être placés
» sur la *Colonne Napoléone*. Je supplie votre majesté
» d'avoir la bonté de donner des ordres pour qu'à cet
» effet il soit mis cent milliers de bronze à la disposition
» de la commission chargée de diriger les travaux; les
» artistes, qui ont été consultés, jugent cette quantité
» indispensable.

» Sire, la fidelle armée qui vous a fait cet hommage

» remplacera le bronze qu'elle a l'honneur de vous de-
» mander, aux dépens des ennemis de votre majesté,
» dès que pour les combattre elle aura le bonheur de
» les joindre. »

Bientôt après, dans une campagne de quelques semaines, la coalition était vaincue. Au milieu des trophées qu'il venait de conquérir sur le champ de bataille d'Austerlitz, le maréchal Soult, commandant le 4e corps, disait à l'Empereur : « Sire, au camp de » Boulogne, à la tête de mon corps d'armée, je vous » ai emprunté du bronze pour la *Colonne Napoléone*; » je vous le rends aujourd'hui, intérêts et capital (*). » Vingt-neuf officiers généraux et deux mille officiers de tous grades, deux cents pièces de canon et quatre-vingt-dix drapeaux tombaient ce jour-là entre les mains de la Grande Armée.

On avait pensé d'abord que le monument serait achevé en quatre ans. Mais le 4e corps et les souscripteurs ne tardèrent pas à s'éloigner ou à se disperser dans les différentes armées. Beaucoup tombèrent sur le champ de bataille, et les difficultés financières se firent sentir.

Cependant les documents officiels témoignent du zèle et de la persévérance qu'apportèrent à l'exécution du projet les hommes qui en avaient conçu la noble pensée. De nouveaux régiments se joignirent même aux premiers souscripteurs.

Ainsi le 18e de ligne écrivait de Pradling au duc

(*) Le 4e corps de la Grande Armée envoya d'Austerlitz 49,012 kilogrammes de bronze.

de Dalmatie, le 26 août 1806, pour solliciter l'honneur de contribuer à l'érection du monument de Boulogne. Plus tard, le 1er mai 1807, le maréchal Soult écrivait de Liebstadt à la commission que les régiments de la division italienne, le 72e de ligne, le 11e de chasseurs, les 22e, 14e et 105e de ligne, ainsi que le 26e de chasseurs à cheval, étaient admis au nombre des souscripteurs.

En adressant au duc de Dalmatie le montant de la souscription de son corps d'armée, le général Suchet écrivait de Dunkelsbulh le 14 septembre 1806 :

» Monsieur le maréchal,

» Je vous remercie des détails que vous voulez bien
» me donner sur les progrès du travail de la *Colonne*
» *Napoléone*; j'y prends toujours le plus vif intérêt, et
» je tiens à conserver le titre, que vous m'avez donné, de
» commissaire de ce grand monument; il s'agrandit
» encore par les victoires de la Grande Armée : il aura
» plus d'un beau souvenir à rappeler. Enfin il est des-
» tiné à honorer son auteur autant qu'à éterniser la
» gloire de celui auquel il est offert. Chaque jour nous
» nous rappelons avec orgueil et satisfaction que c'est à
» la fondation du camp de Boulogne que l'armée a dû
» son instruction et cette vigueur qui ne s'acquiert que
» dans la vie active. Il est bien naturel alors de s'en-
» tretenir de celui qui le premier a formé, a développé
» toutes les ressources que l'on peut trouver dans l'armée.
» L'armée française conserve pour vous, M. le maré-
« chal, des sentiments vrais d'intérêt et de respect. »

Signé Suchet.

Par une lettre d'Erfurt, le 12 octobre 1808, le duc de Dalmatie prévient M. Le Boucher, payeur, qu'il doit fréquemment l'entretenir de tout ce qui est relatif à la comptabilité de la *Colonne Napoléone*, et que chaque fois qu'il aura 50,000 fr. en caisse il les fasse passer à Boulogne, en l'informant des envois qu'il fera.

Le 24 octobre 1808 le maréchal Soult versa personnellement 176,930 fr. 41 c. provenant de sa part des prises faites par le corsaire le *Tilsitt* dans la mer du nord. Il écrivait de Paris à l'amiral Lacrosse le 26 octobre 1808...... « Au commencement de l'été
» dernier le payeur du 4ᵉ corps a fait un envoi de
» plus de cent mille francs à la commission de la *Co-*
» *lonne Napoléone*. Depuis j'ai écrit à la commission
» pour lui annoncer l'envoi d'une somme pareille. »

Etant à la Corogne, le 31 janvier 1809, le maréchal duc de Dalmatie, commandant en chef le 2ᶜ corps de l'armée d'Espagne, accepta la soumission du sieur Pagès, de St.-Jean-de-Luz, qui proposait d'armer en course un corsaire à ses frais. Mais en faisant délivrer les lettres de marque le maréchal mit pour condition que le capitaine du navire verserait le dixième du produit net de ses prises, pour être appliqué aux frais de construction de la *Colonne Napoléone*.

A la même époque le duc de Dalmatie fit paraître un ordre du jour dans lequel on lit : « Considérant
» que les bâtiments et marchandises qui ont été aban-
» donnés à la Corogne par l'armée anglaise, après la
» bataille livrée devant cette ville, sont justement ac-

» quis aux troupes de S. M. l'Empereur qui ont
» combattu, le maréchal arrête que les fonds qui pro-
» viendront de la vente des bâtiments et marchandises
» anglais seront versés dans la caisse du 2e corps
» d'armée, pour être appliqués aux frais de la *Colonne*
» *Napoléone* que l'armée fait élever à S. M. l'Empe-
» reur sur la côte de Boulogne. »

Dans une lettre écrite de Séville le 10 juin 1810, par le maréchal duc de Dalmatie, à M. Malraison, inspecteur aux revues, on lit :... « Dans toutes mes
» correspondances précédentes je vous témoignais mes
» regrets de ne pouvoir, en raison de ma situation,
» donner suite aux détails de notre grande et hono-
» rable entreprise. Je vous prie encore de vous en
» occuper jusqu'à ce que ma position me permette
» d'y veiller moi-même. Parmi les premiers souscrip-
» teurs beaucoup ne sont plus, mais d'autres les rem-
» placeront. L'entreprise est trop honorable pour que
» tous les militaires français ne soient jaloux d'y
» participer. Quant à moi, je n'ai d'autre désir que
» de voir terminer ce monument, devrais-je, si tout
» le monde m'abandonnait, employer seul une partie
» de ma fortune pour y parvenir ; mais je croirais faire
» injure à ceux qui, comme moi, ont souscrit, et dont
» l'hommage a été agréé par sa majesté, si je leur
» prêtais un pareil sentiment. »

Les comptes des recettes et dépenses étaient imprimés et rendus publics, en conformité de l'arrêté pris à Elbing le 14 décembre 1807, par S. E. le maréchal duc de Dalmatie.

Le maréchal Soult adressa de Tolède, le 25 février 1813, une circulaire ainsi conçue :

« *Aux souscripteurs de la* COLONNE NAPOLÉONE *de
» Boulogne.*

» Pendant son séjour à Boulogne l'ancien 4° corps fit
» une souscription générale pour ériger à la gloire de
» l'Empereur une colonne sur l'emplacement même où
» sa majesté venait dresser ses troupes aux combats. Le
» montant de la retenue que l'on s'imposa était d'un
» demi-jour de solde par mois pour les sous-officiers et
» soldats, et un jour de solde aussi par mois pour les
» officiers de tous grades des corps et des états-majors,
» ainsi que pour les inspecteurs aux revues, commissaires
» des guerres, officiers de santé et personnel de l'admi-
» nistration.

» Cette retenue fut exactement payée jusqu'au mo-
» ment où plusieurs régiments de l'ancien 4° corps de la
» Grande Armée changèrent de destination et passèrent
» en Espagne; depuis la difficulté des communications,
» l'éloignement et l'isolement des souscripteurs, n'ont pas
» permis de suivre cette comptabilité...... Le moment
» est cependant venu où une nouvelle impulsion doit être
» donnée à cette grande et belle entreprise; déjà le fût
» de la colonne est à 80 pieds au-dessus des fondements;
» tous les marbres que l'on doit encore employer sont
» sur place; deux des grands bas-reliefs du piédestal
» sont coulés, ainsi que les aigles colossales qui doivent
» supporter la statue de S. M. l'Empereur. On a
» aussi coulé les lions de la porte d'entrée; enfin, il y a
» six mois, la statue colossale de l'Empereur a été coulée
» et a parfaitement réussi. Ainsi il ne manque plus pour

» terminer que de réunir les fonds nécessaires pour pour-
» voir aux dépenses. A cet effet, il suffit sans doute de
» rappeler aux anciens souscripteurs leurs engagements
» pour les porter à payer l'arriéré qu'ils doivent ; mais
» les officiers de tous grades et les corps de l'armée du
» midi qui n'avaient point souscrit seront jaloux d'imiter
» un si bel exemple, et voudront aussi contribuer à l'é-
» rection d'un monument impérissable ; ils seront aussi
» jaloux de voir leurs noms gravés sur les tables d'airain
» qui doivent être déposées dans la chambre d'archives,
» au pied de la colonne.

» D'après ces vues, et comme chargé de la direction du
» monument, le maréchal duc de Dalmatie, général en
» chef de l'armée impériale du midi, arrête : L'armée du
» midi sera admise à souscrire pour l'érection de la *Co-*
» *lonne Napoléone* à Boulogne, aux mêmes clauses et
» conditions de la première souscription faite par l'an-
» cien 4° corps de la Grande Armée. »

Ainsi, au milieu des gigantesques mouvements de l'Empire, l'armée ne perdait point de vue la *Colonne Napoléone*, et l'ancien commandant supérieur du camp de Boulogne se préoccupait sans cesse du monument qui devait rappeler les plus nobles souvenirs de la nation française. (*)

VI.

A l'époque de la restauration la *Colonne Napoléone*

(*) Les documents et correspondances relatifs à la *Colonne Napoléone* formeraient plus d'un volume ; dans cette rapide analyse nous n'avons cité que quelques lettres indispensables.

s'élevait jusqu'à la hauteur de 18 mètres, et l'on n'avait discontinué la marbrerie que pour la construction du grand échafaud nécessaire pour placer les matériaux composant le monument depuis la dixième assise jusqu'à la statue.

Le marteau fut bientôt porté sur la statue, les bas-reliefs et les aigles. Ces admirables bronzes, jetés de nouveau dans le fourneau, furent convertis en statue équestre représentant Henri IV. Les canons que nos immortels soldats enlevaient à Austerlitz ornent aujourd'hui le Pont-Neuf sous les traits du vainqueur d'Ivry.

Il était à craindre en 1817 que l'échafaudage, qui avait coûté près de 150,000 fr., ne vînt à périr avant d'avoir été utile à l'achèvement de l'édifice.

La *Colonne Napoléone* prit le nom de *Colonne des Bourbons*. Quelques fonds furent annuellement consacrés à son achèvement.

Les projets de placer la statue de Henri IV, et plus tard celle de Louis XVIII, sur la colonne, furent successivement proposés et abandonnés.

Repris sous de nouveaux auspices, les travaux avaient quelque activité en 1818. l'architecte Labarre exécutant alors le palais de la Bourse à Paris, M. R. Henry lui fut adjoint pour ceux de la colonne. On ne saurait donner trop d'éloges au zèle et aux talents de M. Henry.

En 1821, lorsque l'on n'était encore qu'au tailloir, il fut décidé que l'on placerait dans l'assise de l'une des pierres une feuille de cuivre renfermée dans une boîte en plomb, et sur laquelle fut gravée l'inscription suivante :

CETTE COLONNE
VOTÉE PAR L'ARMÉE RÉUNIE A BOULOGNE
D'OÙ ELLE MENAÇAIT L'ANGLETERRE
A ÉTÉ COMMENCÉE EN 1801.
DEVENUE UN MONUMENT DE PAIX
PAR LA RESTAURATION DU TRÔNE DES BOURBONS,
ELLE A ÉTÉ ACHEVÉE SOUS LES AUSPICES DE S. M. LOUIS XVIII,
ET CONSACRÉE AU SOUVENIR TOUJOURS CHER AUX FRANÇAIS
DE SON HEUREUX RETOUR DANS SES ÉTATS EN 1814.

LA DERNIÈRE PIERRE A ÉTÉ POSÉE LE 2 JUILLET 1821,
M. LE COMTE SIMÉON ÉTANT MINISTRE DE L'INTÉRIEUR,
PAR M. LE Bon SIMÉON, PRÉFET DU DÉPARTEMENT
DU PAS-DE-CALAIS.

LABARRE, ARCHITECTE.

Deux ans après on plaça au sommet du monument une boule en bronze doré, de 5 pieds et demi de diamètre, sur un piédouche de 18 pouces de hauteur. Cette boule était fleurdelisée, ayant en cimier une couronne royale également ornée de fleurs de lis.

D'après une demande faite aux Chambres en date du 28 décembre 1817, une somme de 484,000 fr. était encore nécessaire pour l'achèvement du monument, qui avait déjà coûté à l'armée 1,500,000 fr., et à la ville de Boulogne 28,000 fr. pour l'achat du terrain.

A une époque précédente, en 1815, on avait songé à utiliser la *Colonne Napoléone* en la transformant en phare.

Les crédits devenant de plus en plus minimes, les travaux marchèrent lentement sous la restauration.

Après la révolution de 1830 le nom de *Colonne des Bourbons* fut changé en celui *de Colonne de la Grande Armée*. La couronne royale formant le cimier des armes de France fut supprimée, et les fleurs de lis qui se trouvaient sur le globe et sous le tailloir disparurent aussi, pour être remplacées par l'étoile de l'armée.

M. R. Henry resta seul chargé des travaux par la mort de M. Labarre. (*)

En janvier 1831 la Chambre des Pairs, sur la demande de M. le maréchal Soult, accueillit favorablement une adresse du conseil municipal de Boulogne, qui exprimait le vœu de voir le monument achevé et rendu à sa première destination. Bientôt après il fut arrêté que la statue de l'Empereur serait placée sur la colonne. Dès ce moment les travaux marchèrent à grands pas, et le 15 août 1841 le monument achevé fut salué par les acclamations du peuple et de l'armée.

VII.

La *Colonne Napoléone* est sans contredit l'un des plus beaux monuments dans son genre, soit qu'on le

---

(*) La plupart des renseignements contenus dans ce mémoire, et qui concernent les travaux d'art, ont été fournis par M. R. Henry, architecte du monument.

compare aux anciens ou aux modernes. Il n'est personne qui n'en admire l'élégance des formes et le fini des détails. Cet édifice, d'ordre dorique grec composé, a 52 mètres 30 centimètres de hauteur (161 pieds); en sorte que s'il est plus gracieux, pour les formes et les proportions, que la colonne de la place Vendôme et que la colonne Trajane, il l'emporte encore sur ces beaux monuments par ses colossales dimensions.

Le piédestal repose sur une vaste plate-forme en marbre, circonscrite par un mur d'appui également en marbre, et se raccordant à deux socles, sur lesquels sont couchés deux lions en bronze, à l'entrée de la petite enceinte. Le fût de la colonne a 28 mètres 40 centimètres d'élévation, 4 mètres 15 centimètres de diamètre à sa partie inférieure, 4 mètres 20 centimètres au tiers de sa hauteur, et 3 mètres 70 centimètres à la partie supérieure.

Dans le socle du piédestal de la colonne, du côté principal, est une porte qui conduit dans l'intérieur de l'édifice. Après avoir franchi le seuil on se trouve dans un vestibule où une autre porte placée à gauche conduit dans la salle des archives, espace ménagé carrément dans le même socle autour du noyau de l'escalier. Cette salle des archives sera ornée des bustes de l'Empereur, du maréchal Soult et de l'amiral Bruix. Au fond du vestibule commence l'escalier, fort commode et en forme de spirale, qui règne depuis le bas du socle jusqu'au haut du tailloir. Les marches intérieures sont au nombre de 261.

De 4 en 4 assises se trouve le long du fût une petite barbacane qui donne de l'air et de la clarté à l'escalier.

Cet escalier établit une communication facile pour pénétrer sur la plate-forme du tailloir, au pourtour duquel règne un garde-corps en bronze.

Les fondations du monument sont en marbre : elles ont 6 mètres d'élévation, et reposent sur un roc extrêmement dur. Cette masse de fondations est de forme pyramidale quadrangulaire tronquée. Les parties en sont cimentées entr'elles de la manière la plus solide, et des arcs-boutants se trouvent sur les quatre faces. Il serait difficile d'évaluer exactement le poids de la masse entière de cet édifice; mais les quatre pierres seules du tailloir pèsent chacune 32 milliers.

Tous les matériaux employés dans cette magnifique construction ont été extraits des carrières du pays. Deux marbres différents concourent à former cet édifice, et tous deux sont de la plus grande beauté. L'un, de couleur brune, compose le piédestal, l'autre est gris-blanc, et porte maintenant dans le commerce le nom de *Marbre-Napoléon*.

Les bas-reliefs et les inscriptions sont de grande dimension, ayant 4 mètres 73 centimètres de longueur sur 2 mètres 43 centimètres de hauteur.

Ces bas-reliefs, confiés à MM. Théophile Bra et Lemaire, sont en bronze.

Celui qui est placé sur la face du piédestal du côté de la mer représente la distribution des croix de la Légion d'Honneur. On voit Napoléon remettant la décoration de l'aigle à un maréchal-des-logis des chasseurs de sa garde qui s'était couvert de gloire à la bataille des Pyramides. L'Empereur, le maréchal Soult et le grand-chancelier de la Légion d'Honneur sont les personnages les plus apparents de cette scène. Les évêques d'Arras et de Cambrai, qui reçurent la croix d'honneur au camp de Boulogne, rappellent par leur présence dans cette sculpture que Napoléon fut le restaurateur du culte religieux.

Cette production remarquable est digne du talent de Lemaire, auteur du fronton de la Madelaine.

L'autre bas-relief retrace l'hommage rendu à Napoléon par l'armée du camp de Boulogne, lorsque, prenant le maréchal Soult pour interprète, elle vote l'érection de la colonne.

Dans cette œuvre Napoléon est aissis sur son trône au milieu du camp. Le maréchal Soult, à la tête de son état-major, présente le plan de la colonne, que tient à la main son aide-de-camp, le colonel Franceschi. L'amiral Bruix est à sa gauche. L'artiste a choisi le moment où le maréchal dit à l'Empereur : « Sire, prêtez-moi du bronze pour élever ce trophée, je vous le rendrai sur le champ de bataille. »

Dans ce bas-relief les différentes armes sont représentées par les célébrités de cette époque. Le général Bertrand, cet ami du malheur, est placé entre le maréchal Soult et l'amiral Bruix. Dans ce moment d'enthousiasme, exprimé sur les belles et nobles figures du tableau, un jeune officier de marine presse avec effusion la main d'un colonel d'infanterie. Ce jeune officier, dont le symbolique langage prouve l'union qui règne entre les armées de terre et de mer, est l'aide-de-camp de l'amiral, le lieutenant de vaisseau Rosamel, qui depuis se montra fidèle aux glorieuses promesses du camp de Boulogne.

On doit à M. Bra de belles œuvres ; mais dans celle-ci il s'est en quelque sorte surpassé, au dire même des artistes. Il n'y a pas dans l'antique une page de l'histoire traitée avec un tel bonheur. La composition des groupes, la noblesse des poses, la ressemblance et le caractère des figures, tout est empreint d'un admirable génie. Jamais Napoléon, qui est alors dans les plus belles années de sa vie, n'a été représenté plus complet. Il est impossible de voir une figure plus martiale que celle du maréchal Soult. Ce bas-relief est un chef-d'œuvre de sculpture.

Les inscriptions ont été rédigées par l'académie des inscriptions et belles-lettres. Voici celle qui est placée sur la face sud :

SUR CE RIVAGE
LE XVI. AOUT M. DCCC. IV.
NAPOLÉON EN PRÉSENCE DE LA GRANDE ARMÉE
DISTRIBUA LES DÉCORATIONS DE LA LÉGION D'HONNEUR
AUX SOLDATS AUX CITOYENS
QUI AVAIENT BIEN MÉRITÉ DE LA PATRIE

LE IV.ᵉ CORPS COMMANDÉ PAR LE MARÉCHAL SOULT
ET LA FLOTILLE SOUS LES ORDRES DU VICE-AMIRAL BRUIX
VOULURENT
PERPÉTUER LE SOUVENIR DE CETTE JOURNÉE PAR UN MONUMENT

LOUIS-PHILIPPE I. ROI DES FRANÇAIS
ACHÈVE CETTE COLONNE
CONSACRÉE
PAR LA GRANDE ARMÉE A NAPOLÉON
M. DCCC. XLI.

La seconde inscription est placée sur la face nord du piédestal :

LVDOVICVS. PHILIPPVS. I.
FRANCORVM. REX
QVIBVS. IN. LOCIS". NEAPOLIO. IMP.
EXERCITVI. FLORENTISSIMO. INVICTO. PROPVGNATORI. PATRIÆ
INSIGNIA. LEGIONIS. HONORATORVM. DE. SVGGESTV. DISTRIBVIT
VTI. MEMORIA. EIVS. DIEI. QVI. FVIT. D. XVI. AVGVST. ANN. M. DCCC. IV
GLORIAQVE. EXERCITVS
MONVMENTO. CONSECRATÆ. POSTERIS. TRADERENTVR
COLVMNAM
AB. EXERCITV." D. IX. NOVEMBR. ANN. M. DCCC. IV INCHOATAM
OPERE. DIV. INTERMISSO
PERFICIENDAM. CVRAVIT. DEDICARIQVE. PRÆCEPIT
ANN. M. DCCC. XLI.

La statue, œuvre de Bosio, représente Napoléon en costume impérial, la tête ceinte d'une couronne de lauriers. La main gauche est appuyée sur le sceptre, surmonté d'un aigle. De la main droite l'Empereur tient l'étoile de la Légion d'Honneur. La statue a 4 mètres 10 centimètres dans sa plus grande hauteur, sur 2 mètres 30 centimètres de large, mesure de face depuis l'extrémité des rubans de la croix de la Légion d'Honneur jusqu'à une ligne descendant de l'extrémité latérale de l'aile gauche de l'aigle du sceptre. De côté elle mesure 2 mètres 40 centimètres depuis l'extrémité inférieure du manteau impérial jusqu'à la ligne descendante du sceptre.

La figure représente bien les traits de l'Empereur, dont le baron Bosio était le statuaire, et dont il a fréquemment sculpté le buste.

VIII.

On écrivait il y a peu de mois de Boulogne-sur-mer :

« La journée du 15 août 1841 sera à jamais célèbre
» dans les fastes du Boulonnais. Jamais, depuis la
» pompeuse solennité de l'Empire, notre cité n'avait
» été témoin d'une aussi belle fête militaire.

» Toutes les rues et places que devait parcourir le
» cortége pour se rendre à la colonne avaient été
» décorées avec beaucoup de goût, le drapeau national
» flottait à toutes les fenêtres.

» A dix heures le tambour bat et appelle aux armes
» les gardes nationales et les troupes de ligne.

» A midi tous les fonctionnaires civils et militaires
» se rendent au lieu fixé pour le point de réunion.
» Les troupes se rassemblent sur la plage.

» Vers une heure et demie le cortège s'ébranle : en
» tête marchaient un détachement de gendarmerie, la
» garde nationale à cheval de Boulogne, la garde na-
» tionale à pied, les détachements de garde nationale
» des villes de Calais, Saint-Omer, Lille, Abbeville,
» Montreuil, Saint-Pierre-lès-Calais, Samer, Guînes
» et Marquise. Toutes se faisaient remarquer par leur
» belle tenue. Ces troupes étaient suivies de l'artillerie
» de la garde nationale de Boulogne.

» Venaient ensuite cent bannières surmontées d'un
» aigle, portant les noms des cent communes de l'ar-
» rondissement de Boulogne ; auprès d'elles marchaient
» les maires ceints de leurs écharpes.

» Aux porte-bannières succédaient les débris des
» marins de la garde impériale : ils accompagnaient
» une riche bannière sur laquelle étaient tracés ces
» mots : *Marins de la garde impériale.* Leur nombre
» n'excédait pas vingt. Celui qui portait la bannière
» avait encore l'uniforme des marins de la garde. Un
» autre marin du grade de sergent avait aussi con-
» servé son vieux costume de l'Empire. Au milieu
» d'eux s'avançait avec peine un soldat de la garde
» mutilé à Waterloo : il a aussi conservé comme une
» précieuse relique l'uniforme qu'il portait lorsqu'il a
» été frappé sur le champ de bataille. Ces braves ins-
» piraient aux spectateurs une sainte vénération.

» Les marins de la vieille garde étaient précédés

» d'un peloton des marins du quartier de Boulogne
» ayant aussi leurs bannières, et décorés soit de la
» croix d'honneur, soit de médailles, pour prix de
» leurs belles et bonnes actions.

» Après ces divers corps s'avançait un magnifique
» char traîné par huit chevaux blancs richement ca-
» paraçonnés et conduits par huit piqueurs revêtus
» de la livrée impériale. Sur ce char est placée une
» Renommée qui tient une couronne de lauriers of-
» ferte par la ville de Boulogne au grand homme qui
» a jeté les bases de sa prospérité.

» Derrière le char marchait le lieutenant-général
» Corbineau, délégué par le maréchal Soult pour
» présider la cérémonie. Les lieutenants-généraux
» Galbois et Gourgaud étaient à sa droite et à sa gau-
» che. Derrière eux venait un brillant état-major
» composé des colonels de tous les régiments de la
» division militaire. Tous se faisaient remarquer par
» leur air noble et digne. On voyait à leur âge qu'ils
» avaient été les compagnons de gloire de celui au-
» quel ils allaient payer un tribut de reconnais-
» sance.

» Le cortége se composait en outre de tous les
» fonctionnaires et des chevaliers de la Légion d'Hon-
» neur. Puis la marche était fermée par un détache-
» ment de marins tirés des équipages de l'État qui se
» trouvaient dans le port, et par les détachements de
» troupes de toutes les armes de la division, infanterie,
» cavalerie, artillerie, génie.

» Dans toute sa marche le cortége était accueilli

» avec enthousiasme, chacun voulait s'associer de
» cœur au grand acte qui allait s'accomplir.

» Lorsque le cortége est parvenu dans l'enceinte
» de la colonne, le général et sa suite en ont fait le
» tour et sont venus se placer en face de la porte
» d'entrée ; puis les troupes et les gardes nationales
» se sont rangées autour du monument. Alors le voile
» qui recouvrait la statue du grand homme est tombé.
» Profodément émus, les spectateurs ont gardé d'abord
» le silence du recueillement. Cette scène était pieuse.
» Mais tout-à-coup le canon a salué le dieu des com-
» bats, et des cris unanimes ont célébré la grande
» gloire des temps modernes.

» Lorsque la voix du canon eut cessé de se faire
» entendre, le maire de Boulogne prit la couronne de
» lauriers posée sur le char, et la présentant au géné-
» ral Corbineau, il dit : « Général, la ville de Boulogne
» m'a chargé de vous remettre cette couronne, hom-
» mage de sa reconnaissance pour les bienfaits dont
» Napoléon l'a comblée ; elle vous prie de la déposer
» au pied de la colonne : personne n'est plus digne de
» cette noble mission que celui qui fut le compagnon
» fidèle de sa gloire et de ses travaux. »

» Des larmes coulèrent des yeux du vieux guerrier,
» qui prit la couronne et accomplit le vœu de la ville
» de Boulogne.

» Le cardinal de la Tour-d'Auvergne donna la béné-
» diction.

» Les fêtes populaires durèrent trois jours. »

Le voyageur qui s'arrête sur les rivages de l'Angleterre, et tourne un regard curieux vers la France, aperçoit dans le vague de l'horizon une forme colossale qui se perd dans les brumes : c'est la *Colonne Napoléone* et son empereur, c'est la pierre qui marque une halte de la grande armée entre *Marengo* et *Austerlitz*.

FIN.

www.ingramcontent.com/pod-product-compliance
Lightning Source LLC
Chambersburg PA
CBHW060518050426
42451CB00009B/1046